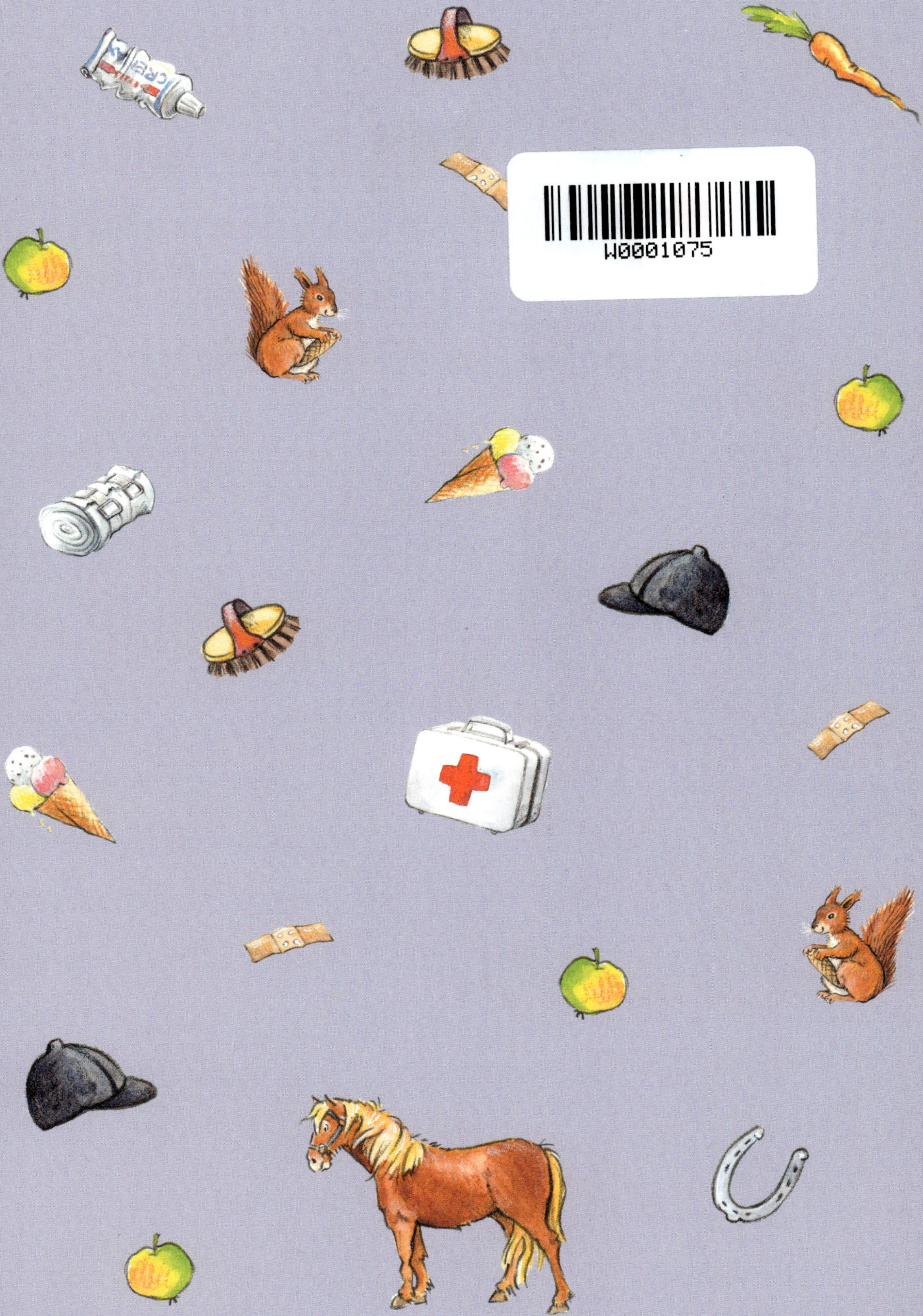

Dieses Buch kann alleine lesen:

____

Silben-Geschichten für Mädchen zum Lesenlernen

CARLSEN

Silbe für Silbe zum Lese-Erfolg

Liebe Eltern,

Leseanfänger lesen langsam. Sie müssen jedes Wort Buchstabe für Buchstabe, Silbe für Silbe erlesen. Alle Wörter der Geschichten in diesem Band sind in farbigen Silben markiert. Diese kurzen Buchstabengruppen können Leseanfänger schneller erfassen als das ganze Wort.

Bei den markierten Silben handelt es sich um Sprechsilben. Das heißt, die Wörter sind so in Silben aufgeteilt, wie sie gesprochen werden. Die Sprechsilben entsprechen fast immer auch der möglichen Worttrennung, also den Schreibsilben.

Nur bei der Trennung einzelner Vokale gibt es einen Unterschied: Nach den aktuellen Rechtschreibregeln werden einzelne Vokale am Wortanfang oder -ende nicht abgetrennt. Beim Sprechen unterteilen wir solche Wörter jedoch in mehrere Silben, daher sind sie in diesem Band ebenfalls mit unterschiedlichen Farben markiert: Oma, Radio.

Ihnen und Ihrem Kind viel Spaß beim Lesen!

Inhalt

Paula und Nele halten zusammen

Eine Geschichte von Katja Reider
mit Bildern von Karin Schliehe und
Bernhard Mark

Neue Plätze

Paula und Nele sitzen nebeneinander
in der Klasse 1b.
Sie kennen schon alle Buchstaben.
Und ein bisschen lesen können sie auch.
Die Klassenlehrerin der 1b heißt
Frau Sprosse und ist richtig nett.
Bei der Einschulung hat Frau Sprosse
alle Kinder gefragt, ob sie
Geschwister haben.

Als Paula an der Reihe war,
hat sie den Kopf geschüttelt und gesagt:
„Nö, aber das macht nichts.
Ich habe ja Nele!"
Paula findet, Nele ist viel besser
als eine Schwester.
Nele ist die beste Freundin der Welt!
Immer schon.

PAULA

Als Paula ein Baby war, hat Neles Mama auf sie beide aufgepasst.
Paulas Mama ging wieder arbeiten.
Natürlich besuchten Paula und Nele den gleichen Kindergarten.
Und natürlich kamen sie in dieselbe Schule.
In die Klasse von Frau Sprosse.
Für heute hat Frau Sprosse eine Überraschung angekündigt.
„Heute setzen wir uns um!“, ruft sie.
„Alle Kinder bekommen einen neuen Platznachbarn! Also, neben wem möchtest du sitzen, Paula?“
„Neben Nele!“, sagt Paula.

Frau Sprosse lächelt.
„Aber Paula! Ihr wollt doch auch
die anderen Kinder kennenlernen!“
„Nö“, sagt Paula.
„Doch“, sagt Nele.
Paula starrt ihre
Freundin an.

„Ich würde gerne mal neben
Marie sitzen“, flüstert Nele.
Marie nickt eifrig.
Nele guckt nicht zu
Paula rüber.
Eilig packt sie ihre
Sachen zusammen
und setzt sich auf
ihren neuen Platz.
An Paulas Tisch
zieht Paul ein.
Paul, der meistens
Monster-Shirts trägt und nach
Leberwurst und Eibrot riecht!
Paul wollte neben Paula sitzen,
weil ihre Namen so ähnlich sind.
Das fand er lustig.
Paula findet überhaupt
nichts mehr lustig.

Leserätsel

Kreuze an, was richtig ist:

Paula und Nele gehen

- X in den Kindergarten.
- E in den Zoo.
- N in die Klasse 1b.

Die Klassenlehrerin von Paula heißt

- X Frau Sprotte.
- E Frau Sprosse.
- S Frau Prosse.

Und was ist hier richtig?

U Paula hat eine Schwester.

O Paula hat einen Bruder.

L Paula hat keine Geschwister.

Wo will Paula sitzen?

A Paula will gerne neben Paul sitzen.

B Paula will neben Marie sitzen.

E Paula will neben Nele sitzen.

Die Buchstaben neben den richtigen Antworten verraten, wie Paulas beste Freundin heißt:

__ __ __ __

Das Wasserglas

Paula schaut zu Nele und Marie hinüber.
Die beiden flüstern miteinander.
Paula versteht die Welt nicht mehr.
Warum lässt Nele sie im Stich?
Endlich klingelt es zur Pause.
Nele kommt zögernd
auf Paula zu.
„Sei nicht sauer!“,
bittet sie.

„Marie ist wirklich nett und …“

„Ich hab’s kapiert“, sagt Paula. „Tschüss!“

Sie dreht sich um und geht weg.

Wie schrecklich lang die Pause ist,

wenn man allein herumsteht!

Allein und traurig und wütend.

In der nächsten Stunde soll die Klasse

mit Tuschfarben ein Bild malen.

Ein Tier aus dem Urwald.

Paula schielt zu Nele hinüber.
Malen ist Neles Lieblingsfach.
Eifrig pinselt sie an einem Elefanten herum.

Frau Sprosse hält Neles Bild hoch.
„Das sieht ja toll aus!“
Nele strahlt vor Stolz.
Frau Sprosse blickt auf die Uhr.
„Oje!“, sagt sie. „Wir müssen in den Musikraum. Ihr räumt die Malsachen hinterher weg, ja?“
Als Letzte schleicht Paula zur Tür.
Sie muss an Neles neuem Platz vorbei.
Da liegt das Bild mit dem Elefanten!
Direkt neben dem Wasserglas.
Und plötzlich, ohne es richtig zu wollen, streckt Paula die Hand aus.

Ein kleiner Schubs, und Neles
Elefant schwimmt im braunen
Tuschwasser …
Paula rennt hinaus.
Beim Flöten trifft sie heute
keinen Ton.
Endlich geht es zurück ins
Klassenzimmer.
Gleich wird Nele ihr Bild entdecken!
Gleich. Jetzt!
„Mein schönes Bild!
Wer war das?“, schreit Nele.
Keiner sagt etwas.
Plötzlich zeigt Nele auf Marie.
„Du warst als Einzige zwischendurch
hier drin, um dir Taschentücher
zu holen!“

Leserätsel

Kreuze an, was richtig ist:

M Paula ist sauber.

B Paula ist sauer.

N Paula will einen Staubsauger haben.

Was soll die Klasse malen?

G Eine Pflanze aus dem Urwald.

R Ein Lieblingstier.

I Ein Tier aus dem Urwald.

Welches Instrument spielt Paula?

A Klavier

L Flöte

L Gitarre

T Schlagzeug

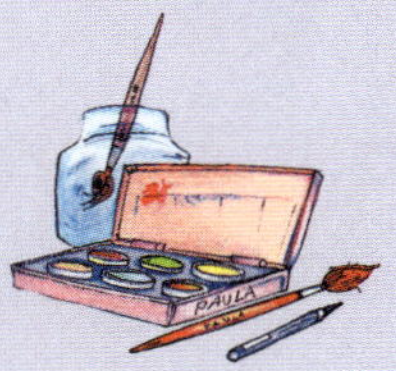

Was ist passiert?

S Nele hat das Wasserglas umgekippt.

T Marie hat das Wasserglas umgekippt.

D Paula hat das Wasserglas umgekippt.

Die Buchstaben neben den richtigen Antworten verraten, was zerstört wurde:

Neles __ __ __ __!

Die weltbeste Freundin

„Hast du das Wasser umgekippt?“,
fragt Nele.
Marie ist blass geworden.
„Nein!“, ruft sie erschrocken.
„Ehrlich!“
Nele glaubt ihr nicht.
Paula merkt es. Alle merken es.
Schon schießen Marie Tränen
in die Augen. Da holt Paula tief Luft.
Eins will sie niemals sein: feige!
„Ich habe das Glas umgekippt!“,
stößt Paula hervor.
Nele starrt sie an. „Du?“
Paula nickt.
„Kommst du mit raus? Bitte!“
Nele folgt ihr vor die Tür.
Da stehen sie nun.

Dicht beieinander. Und ganz fern.
„Ich war so sauer auf dich!“,
flüstert Paula endlich.
„Ich wollte dir längst sagen,
dass wir doch auch mal mit anderen
spielen können. Aber ich hab mich
nicht getraut“, murmelt Nele.
„Hm“, macht Paula.
„Wär vielleicht wirklich nicht schlecht.“
„Du bleibst meine weltbeste Freundin!“,
sagt Nele schnell.
„Und du meine.“
Sie kichern.
„Ob Marie Lust hat, sich nachher
mit uns zu verabreden?“, fragt Paula.
„Wir fragen sie“, lacht Nele und zieht
Paula mit sich davon.

Meine Schulklasse

Hier kannst du alles über deine Klasse eintragen:

Ich heiße ______________________________ .

Ich bin _____________ Jahre alt.

Geburtstag habe ich am

______________________________________ .

Ich gehe in die Klasse _____________ .

Die Schule heißt ____________________

______________________________________ .

Mein(e) Klassenlehrer(in) heißt

______________________________________ .

In meiner Klasse sind

_____________ Kinder:

_____________ Mädchen und

_____________ Jungen.

Ich sitze neben

______________________________.

Ich würde auch gerne neben

_________________________ sitzen.

Meine beste Freundin in der Klasse

ist ____________________________.

Mein bester Freund in der Klasse ist

______________________________.

Ich spiele auch ein Instrument.

☐ Nein.

☐ Ja, und zwar ______________.

Als Tier aus dem Urwald hätte

ich gemalt:

____

Lösungen

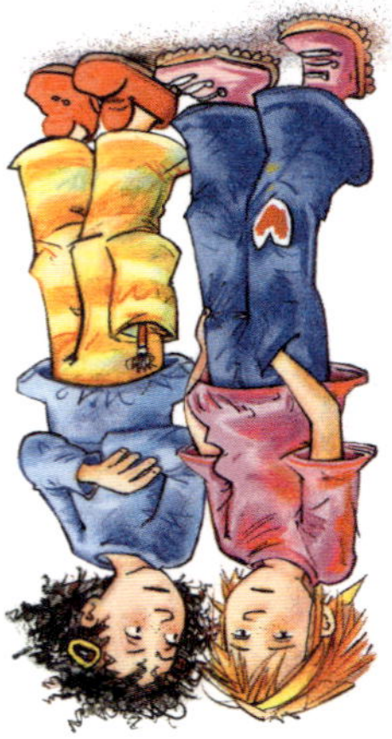

S. 16/17:

Paula und Nele gehen in die Klasse 1b.

Die Klassenlehrerin von Paula heißt Frau Sprosse.

Paula hat keine Geschwister.

Paula will neben Nele sitzen.

Lösungswort: NELE.

S. 24/25:

Paula ist sauer.

Die Klasse soll ein Tier aus dem Urwald malen.

Paula spielt Flöte.

Paula hat das Wasserglas umgekippt.

Lösungswort: BILD.

Zwei Freundinnen auf dem Ponyhof

Eine Geschichte von Julia Boehme

mit Bildern von Heike Wiechmann

Der Ausritt

Laura und Sofie sind die besten Freundinnen. Vormittags gehen sie zusammen zur Schule. Und nachmittags sind sie, sooft es geht, auf dem Ponyhof. Sie haben sogar gemeinsam Reitstunde. Und das, obwohl Laura noch gar nicht so lange reitet wie Sofie.

Heute ist es mal wieder so weit.

„Nimm die Zügel nicht zu straff, Laura. Ja, so ist gut!“, ruft Frau Hauser. Sie ist nicht nur die Reitlehrerin. Ihr gehört auch der Ponyhof.

„Ganze Abteilung: Trab!“

Laura, Sofie, Margarete, Tom und
Florian traben an. Die Pferderücken
gehen hoch und runter.
„Fühlt ihr den Rhythmus?“, fragt
Frau Hauser. „Schön mitgehen. Prima
macht ihr das!“
Laura strahlt: Traben ist ihre
Lieblingsgangart.
Das ist noch schöner als Galopp.
Sie könnte ewig so weitermachen.

„Durchparieren zum Schritt!“,
ruft Frau Hauser.
Langsam reiten sie hintereinander
auf dem Hufschlag.
„So, das war’s für heute!“ Frau Hauser
klatscht in die Hände.
„Tschüss, bis zum nächsten Mal!“
Schade, dass die Reitstunden
immer so schnell vorbei sind!
Laura tätschelt ihre Schimmelstute.

„Gut gemacht, Schneeflöckchen!“, lobt sie das Pony und steigt ab. „Wann springen wir eigentlich mal wieder?“, fragt Margarete. „Bald“, antwortet Frau Hauser. Margarete verzieht ihr Gesicht. „Willst du nicht doch in die Dienstagsgruppe?“, zischt sie Laura im Vorbeigehen zu. „Seit du hier bist, machen wir immer nur Babykram!“

Diese blöde Margarete! Immer muss sie meckern! Und alles lässt sie an Laura aus. Wie gut, dass Sofie da ist.
„Wir gehen doch gleich noch Eis essen?“, fragt Laura.
„Klar, wie immer“, lacht Sofie.
Natürlich müssen erst noch die Ponys versorgt werden. Die beiden binden ihre Ponys im Hof fest und holen die Putzkästen. Sofie will ihrem Krümel gerade den Sattel abnehmen, als Margarete aufkreuzt.

„He, Sofie. Wie wär's mit einem Ausritt? Meine große Schwester ist da und nimmt uns mit!"

„Echt? Super!" Sofie strahlt.

„Kann ich auch mit?", fragt Laura.

„Du?" Margarete schüttelt den Kopf. „Nee! Nachher müssen wir die ganze Zeit Schritt reiten. Kommt überhaupt nicht infrage!"

„Ach, lass sie doch“, bittet Sofie.
Aber Margarete denkt nicht daran.
„Hanna kriegt die Krise, wenn so eine
Anfängerin mitkommt. Sei froh,
dass du mitdarfst!“
Dass Margarete immer so fies sein muss!
Sofie schluckt. Trotzdem: Einen Ausritt
will sie sich nicht entgehen lassen.
Schnell schnallt sie den Sattelgurt fest,
steigt auf und nickt Laura zu.

„Wir sehen uns dann morgen“, murmelt sie.
Laura starrt sie entgeistert an. „Und was ist mit uns?“

„Wir können doch morgen Eis essen gehen“, meint Sofie.

Margarete grinst. „Komm jetzt endlich! Wir wollen los!“

Und damit reiten die beiden zum Gatter. Margaretes Schwester wartet schon auf sie.

Leserätsel

Trage in das Kreuzworträtsel die drei wichtigsten Pferdegangarten ein.

								B
					Ö			
				A			P	
	C		R					

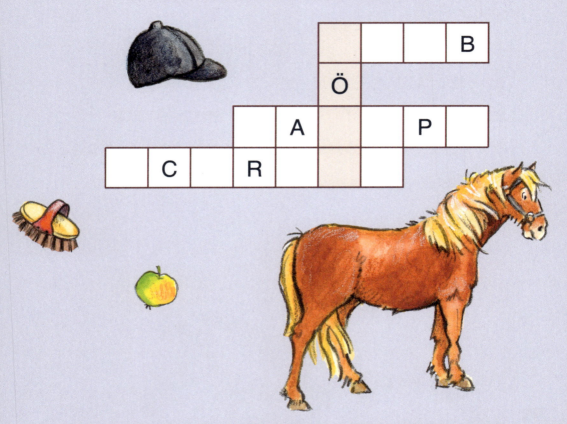

In den farbigen Feldern steht dann eine spezielle Gangart der Islandpferde.

___ ___ ___ ___

Was stimmt? Kreuze die richtigen Sätze an:

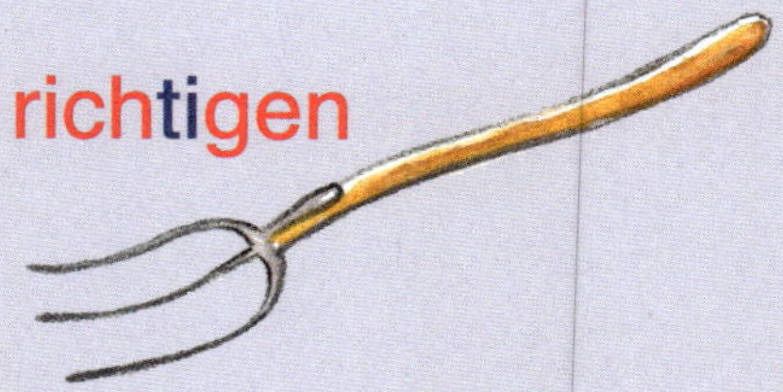

- [G] Laura und Margarete sind Freundinnen.
- [P] Frau Hauser gehört der Ponyhof.
- [A] Margarete hat eine große Schwester.
- [I] Die Kinder reiten im Abteil.

- [S] Sofie darf mit ausreiten.
- [N] Sofies Pony heißt Schneeflöckchen.
- [S] Schneeflöckchen ist eine Stute.

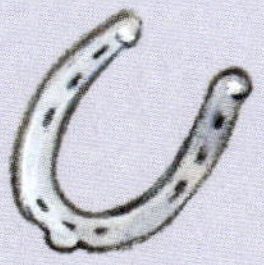

Die Buchstaben der richtigen Sätze ergeben eine weitere Gangart:

__ __ __ __

Eine böse Überraschung

Das darf doch nicht wahr sein!
Fassungslos schaut Laura den Mädchen hinterher. Wegen dieser blöden Zimtzicke lässt Sofie sie sitzen!
Eine schöne Freundin ist das!
Laura nimmt Schneeflöckchen den Sattel ab und beginnt, das Pony zu putzen.
„Ich hätte nie gedacht, dass Sofie so doof sein kann“, sagt sie. „Du etwa?“
Schneeflöckchen schüttelt den dicken Ponykopf.

Dann schnuppert sie an Lauras Tasche. „Aber natürlich habe ich etwas für dich dabei!“, ruft Laura.
Schneeflöckchen schmatzt genüsslich, als sie die Möhren- und Apfelstückchen kaut. Lecker!
„So, fertig!“ Laura klopft ihr den Hals. „Komm, auf die Weide mit dir!“
Schneeflöckchen tollt ausgelassen über die Wiese und begrüßt die anderen Ponys. Laura seufzt. Was soll sie noch hier – so allein?

Sie steigt auf ihr Rad und fährt nach Hause. Ob sie sich wenigstens ein Eis kaufen soll? Na klar! Warum soll sie leer ausgehen, nur weil Sofie sie sitzenlässt! Laura nimmt die Abkürzung über den Feldweg. Plötzlich kommt ihr in wildem Galopp ein Pony entgegen. Warum wechselt es nicht in den Schritt? Hat der Reiter sie nicht gesehen? Der spinnt wohl!

Laura macht eine Vollbremsung. Moment mal! Es sitzt gar kein Reiter drauf! Laura schnappt nach Luft. Das ist ja Krümel! Und zwar ganz allein – ohne Sofie.
Laura springt vom Fahrrad. „Halt!“, ruft sie und streckt die Arme aus. Es ist nicht ohne, sich einem galoppierenden Pony so in den Weg zu stellen. Laura schluckt. Was, wenn Krümel nicht stoppt?

Mutig bleibt Laura stehen, bereit, im letzten Moment zur Seite zu springen. Doch zum Glück wird Krümel langsamer. „Ist ja gut! Ganz ruhig!“, ruft Laura. Wenige Meter vor ihr fällt Krümel in den Schritt und trottet dann ruhig auf sie zu. Laura fasst das Pony am Zügel. „So ist es brav“, murmelt sie und tätschelt seinen Hals. „Was ist denn passiert? Wo ist Sofie?“ Nur schade, dass Ponys nicht sprechen können! Schnell tauscht Laura den Fahrradhelm gegen den Reithelm und schwingt sich in den Sattel.

„Los, wir müssen Sofie finden!“

Mit klopfendem Herzen reitet sie den Feldweg entlang. Hoffentlich hat sich Sofie nicht verletzt!

Da! Hinten am Waldrand kommt ihnen Sofie entgegen. Zu Fuß und ganz allein. Sie humpelt ein bisschen.

„Laura!“, ruft sie erstaunt. „Was machst du denn hier?“

„Na was wohl? Ich such dich!“, sagt Laura. „Was ist denn passiert?“

„Ein Eichhörnchen ist vor uns über den Weg geflitzt. Krümel hat sich vielleicht erschreckt! Zack, hat er mich abgeworfen und ist wie ein Irrer losgerast!“

„Und? Hast du dir wehgetan?“, fragt Laura besorgt.

Sofie reibt sich den Po. „Ein paar blaue Flecken werde ich schon haben. Aber sonst ist alles okay!“

Laura schaut sich um. „Wo steckt denn Margarete?“

„Die hatte keine Lust umzukehren.
Sie hat gesagt, dass Krümel sicher nach Hause läuft. Und das könnte ich ja auch tun. Allein natürlich.“

„Blöde Zicke!“, zischt Laura.

Sofie nickt. „Du, es tut mir echt leid, dass ich …“

„Schon gut“, unterbricht Laura sie schnell.
„Übrigens, weißt du, was bei blauen Flecken am besten hilft?“

Sofie zuckt mit den Schultern.

„Eis!“ Laura grinst. „Und am allerbesten hilft Stracciatella!“

Leserätsel

Was macht Laura, als Krümel auf sie zugaloppiert?

K Sie versteckt sich im Graben.

N Sie versperrt ihm den Weg.

M Sie rast mit dem Fahrrad davon.

Was macht Laura dann mit Krümel?

A Sie bringt ihn auf die Weide.

I Sie reitet mit ihm nach Hause.

O Sie sitzt auf und sucht Sofie.

Wieso hat sich Krümel erschreckt?

R Ein Fuchs pupst.

U Ein Eichhörnchen flitzt vorbei.

L Ein Wildschwein grunzt.

Hat sich Sofie wehgetan?

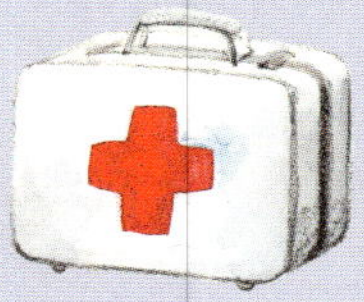

A Sie hat nur ein paar Kratzer.

S Ihr Fuß ist gebrochen.

G Sie hat ein paar blaue Flecken.

Was macht Margarete?

G Sie hilft Sofie, das Pony einzufangen.

A Sie lässt Sofie allein nach Hause humpeln.

C Sie reitet zusammen mit Sofie zurück.

Was hilft, laut Laura, bei blauen Flecken?

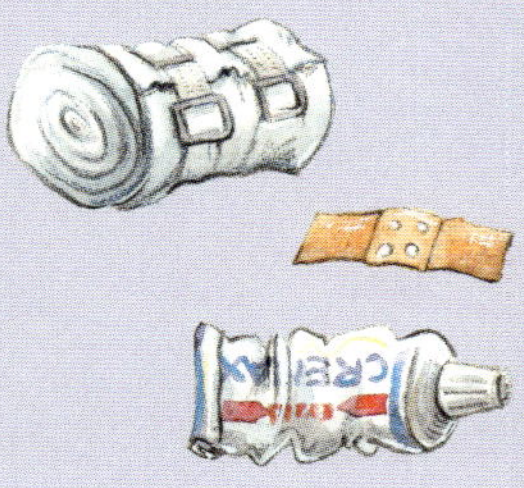

T Eis

H Salbe

A Kalte Umschläge

Die richtigen Buchstaben ergeben noch eine Lieblingseissorte von Laura:

__ __ __ __ __ __-EIS

Infoseite

Viel Spaß beim Ausritt!

Auch wenn du erfahren bist: Es ist sicherer, zu mehreren zu reiten als allein. Und es macht auch mehr Spaß!

Auf der Straße musst du die Verkehrsregeln beachten. Wie beim Fahrradfahren auch!

Autos auf engen Straßen möglichst ausweichen. Reite z. B. in eine Einfahrt oder auf den Grünstreifen.

Auf Asphalt und steinigem Grund nur Schritt reiten.

Natürlich – wie immer – nur mit Helm!

Achte auf andere Tiere, vor denen sich dein Pony erschrecken könnte.

Achte auf Fußgänger. Schritt reiten!
Am besten kannst du natürlich auf Reitwegen reiten.
Nicht über Äcker und Felder reiten!
Bei Gegenverkehr wichtig: Reiter bleiben – wie Radfahrer – rechts am Straßenrand (nicht links wie die Fußgänger).
Überprüfe vor jedem Ausritt deine Ausrüstung!
Achtung, Giftpflanzen! Dein Pony darf nicht alles fressen!

Lösungen

S. 44/45:

					T	R	A	B
					Ö			
			G	A	L	O	P	P
S	C	H	R	I	T	T		

Lösungswort: TÖLT

Frau Hauser gehört der Ponyhof.

Margarete hat eine große Schwester.

Sofie darf mit ausreiten.

Schneeflöckchen ist eine Stute.

Lösungswort: PASS

S. 54/55:

Laura versperrt Krümel den Weg.

Sie sitzt auf und sucht Sofie.

Ein Eichhörnchen flitzt vorbei.

Sofie hat ein paar blaue Flecken.

Margarete lässt Sofie allein nach Hause humpeln.

Eis hilft Laura bei blauen Flecken.

Lösungswort: NOUGAT-EIS

Viel Zirkus um die Neue!

Eine Geschichte von Rudolf Herfurtner
mit Bildern von Dorothea Tust

Das neue Mädchen

Heute bringt Frau Bode ein neues Mädchen mit in die Klasse.

„Das ist Duschka“, sagt sie. „Sie ist hier zu Besuch und geht so lange in unsere Klasse.“

Die Kinder tuscheln. Jana, Chrissi und Mia flüstern: „Die sieht komisch aus!“

„Wo die wohl herkommt?“

„Wahrscheinlich Ausländerin, oder?“

„Ruhe!“, ruft Frau Bode. „Wir sind nett zu unserem Gast! Klar?“

Aber in der Pause rennen alle einfach raus und lassen Duschka allein stehen.
„Geheimbesprechung der Detektivinnen im Hof!“, flüstert Jana. „Also passt auf! Die ist verdächtig! Erstens redet sie nicht und zweitens: der Name!“
Boris und Michi kommen vorbei.
„He, Boris“, ruft Chrissi, „ist die Neue aus Russland? Duschka klingt so russisch.“
„Oder wie Duschkabine“, lacht Mia.
„Weiß nicht“, sagt Boris.
„Wir finden's sowieso raus“, sagt Jana.
„Spinnt ihr schon wieder rum mit eurem Detektivspiel?“, stöhnt Michi.

Nach der Schule verstecken sich die drei Detektivinnen und warten, bis das fremde Mädchen aus dem Schulhaus kommt. Jana verstellt dem Mädchen den Weg. Als Duschka zurückweicht, steht plötzlich Chrissi hinter ihr. Und als das Mädchen auf die Straße ausweichen will, hält Mia sie auf: „He, Duschka oder wie du heißt! Hast du vielleicht Angst?“

Duschka schaut sich um. Hinter ihr ist eine hohe Mauer. Aber vor der Mauer steht ein Baum.

„Das könnte gehen“, denkt Duschka.

Sie schaut Mia an und grinst.

Im nächsten Augenblick klettert sie flink wie ein Eichhörnchen den Baum hinauf. Dann springt sie auf die Mauer hinüber, winkt und ist weg.

Michi und Boris stehen auf der anderen Straßenseite und lachen.

„Die kriegt ihr nie!“, ruft Michi.

„Und ob wir die kriegen!“, zischt Jana. „Den drei Detektivinnen entkommt keiner. Los!“
Sie rennen um die Gartenmauer herum – keine Spur von Duschka!
„Weiter!“, ruft Chrissi. „Sie kann noch nicht weit sein.“
Sie biegen wieder um eine Ecke und da sehen sie Duschka. Und Duschka sieht sie auch. Aber sie zeigt keine Angst. Sie lacht und winkt und rennt los.
„Die kriegen wir!“, ruft Jana.

Die Mädchen jagen Duschka durch die ganze Siedlung. Sie geben nicht auf. Aber Duschka ist immer ein bisschen schneller. Es sieht fast so aus, als wäre alles nur ein lustiges Spiel für sie.

Doch je länger Duschka wegläuft, desto verdächtiger wird sie für die Mädchen.

„Wahrscheinlich kann die nicht mal Deutsch“, sagt Chrissi.

„Und was soll das überhaupt heißen: zu Besuch?“, sagt Jana.

„Ich möchte wissen, was die hier macht“, sagt Mia.

Und dann macht Duschka einen Fehler.
Sie läuft in eine Sackgasse.
Am Ende dieser Sackgasse gibt es keine Mauer, über die sie klettern könnte.
Am Ende dieser Sackgasse fließt ein Kanal, zehn Meter breit, tiefes graues Wasser.
Gleich rechts gibt es ein Wehr.
Dahinter stürzt das Wasser bedrohlich sprudelnd in die Tiefe.
„Jetzt haben wir sie", sagt Jana leise.
Langsam rücken die Mädchen gegen Duschka vor.

Gleich werden sie mit einem Verhör beginnen. Kein Geheimnis kann vor den drei Detektivinnen bestehen.

Duschka schaut sich um. Das Wehr ist mit einem Gitter und Stacheldraht gesichert. Da kann keiner rüber.

Kurz vor dem Wehr ist ein Stahlseil über den Kanal gespannt. Wenn jemand reinfällt, kann er sich daran festhalten, damit er nicht in den lebensgefährlichen Wasserfall hinter dem Wehr gerät.

Was soll Duschka machen?

Leserätsel

Was stimmt? Kreuze an.

Das fremde Mädchen heißt

N Duschka.

T Dunja.

R Duschkabine.

Am Ende der Sackgasse ist

A eine Mauer.

O ein Baum.

E ein Kanal.

Jana, Mia und Chrissi spielen

TT Detektiv.

LL Dame.

MM Verstecken.

Die Buchstaben neben den richtigen Antworten verraten dir, wie man zu neuen Kindern in der Klasse sein sollte:

_ _ _ _

Male alle Felder aus, in denen ein Vokal steht. Welches Tier siehst du?

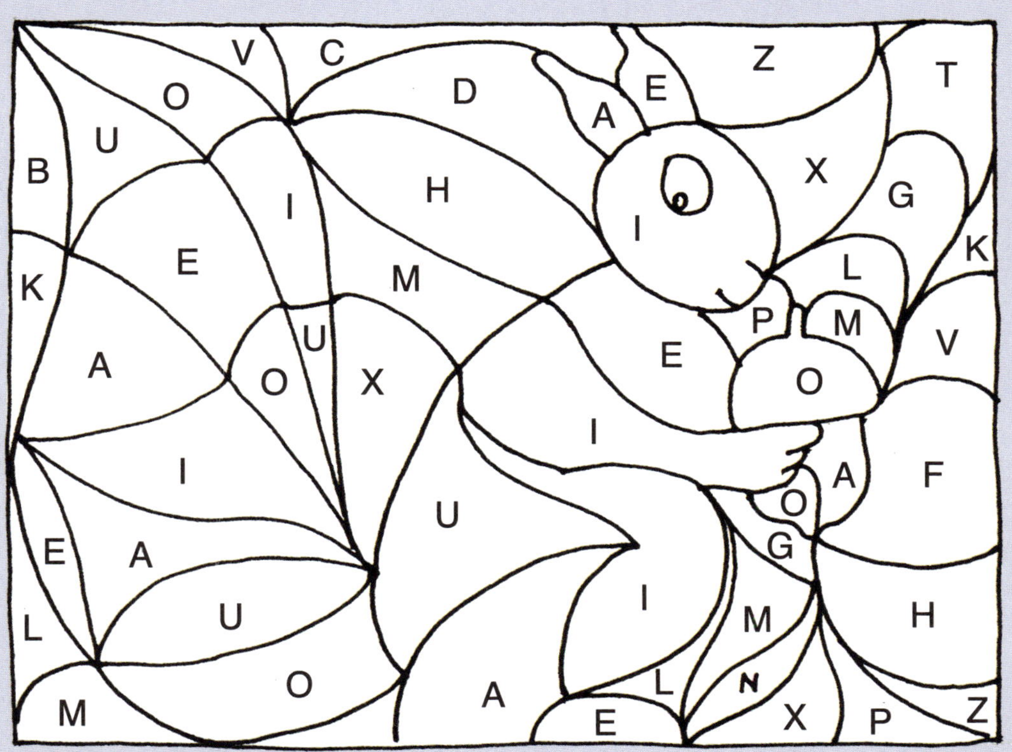

_ _ C _ _ Ö _ _ _ _ E _

Der Seiltanz

„Ein Stahlseil“, denkt Duschka.
Jetzt grinst sie wieder.
„Was grinst du so?“, sagt Jana. „Wir haben dich auf jeden Fall!“
„Das glaubst auch nur du“, sagt Duschka und lacht. Sie dreht sich um und setzt einen Fuß auf das Stahlseil.
„Nein!“, rufen die Mädchen erschrocken.
„Doch!“, sagt Duschka, breitet die Arme aus und läuft über das Seil auf die andere Seite des Kanals.
„Die kann ja Deutsch!“, sagt Mia.

„Warum soll ich nicht Deutsch können?“, ruft Duschka und setzt sich lachend ins Gras. Die Mädchen sind sprachlos.

„He! Wer traut sich?“, ruft Duschka.

„Das ist streng verboten!“, sagt Jana.

„Fremde Kinder jagen ist auch streng verboten, oder?“, sagt Duschka.

„Wir haben doch gar nichts gemacht“, sagt Chrissi.

„Wir hauen ab!“, zischt Jana leise. „Los!“

Michi und Boris haben alles beobachtet.
Sie sehen, wie die Mädchen weglaufen und wie Duschka über das Seil zurückkommt.
„Das möchte ich auch können“, flüstert Michi.
Sie folgen Duschka bis zu einem Platz am Ortsrand. Da stehen mehrere Wohnwagen um einen weißen Laster herum.
Auf den Laster ist ein großes Bild gemalt.
„Ach so!“, sagt Michi, als er das Bild sieht.
„Jetzt versteh ich!“

Als Michi am nächsten Morgen in die Schule kommt, stehen die Schüler aufgeregt auf dem Hof. Alle freuen sich, nur die drei Detektivinnen schauen grimmig.
„Was ist denn?“, fragt Michi.
„Sie sind hier bei uns auf dem Schulhof!“, ruft Boris. „Schau, da ist sie!“
Vor lauter Leuten hat Michi Duschka gar nicht gesehen. Sie trägt ein buntes Trikot und ein Faltenröckchen. Sie steht mit einem großen Mann vor dem weißen Laster und strahlt vor Stolz und Freude.

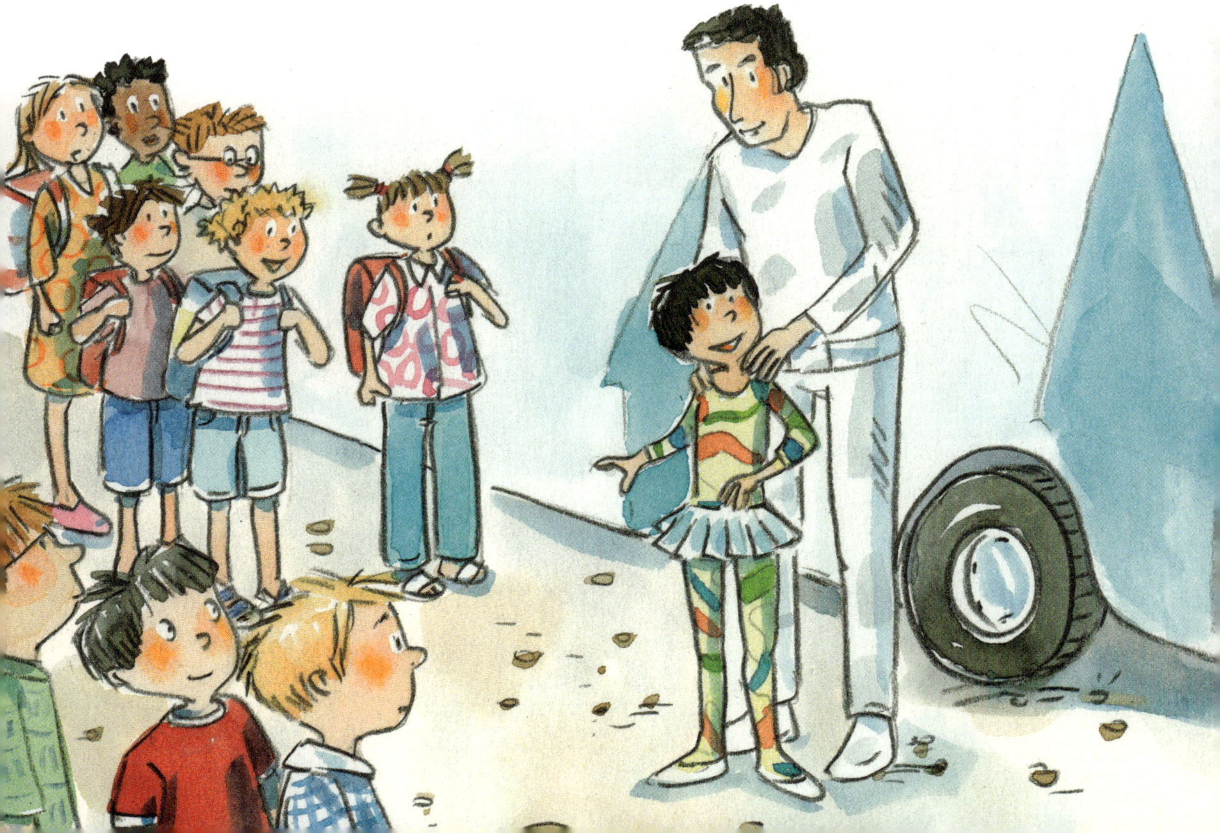

Alle können jetzt das Bild auf dem Laster sehen. Es zeigt den Mann, der neben Duschka steht. Hoch oben zwischen zwei Kirchtürmen geht er über ein Seil. Darunter steht in großen Buchstaben: DUSCHKO und DUSCHKA – LUFTTÄNZER. Neben dem Laster ist ein Drahtseil zwischen zwei Ständern gespannt.

Da kommt die Rektorin heraus und begrüßt alle Kinder: „Alle herhören! Das ist Herr Duschko. Und seine Tochter Duschka. Herr Duschko wird am Wochenende auf einem Seil bis zur Kirchturmspitze laufen. Aber heute zeigt uns seine Tochter schon mal ein paar Seiltänzer-Kunststücke hier auf dem Schulhof. Begrüßen wir mit einem großen Applaus: Duschko und Duschka!“

Die Kinder klatschen. Duschka verbeugt sich tief und steigt aufs Seil. Sie hat einen kleinen Schirm in der Hand zum Balancieren, aber sie läuft so leicht über das dünne Seil, als würde sie durch die Luft tanzen und könnte nie herunterfallen.

„Na, was guckt ihr so mürrisch?", fragt Frau Bode die drei Detektivinnen. „Ist es nicht großartig, dass jemand so was kann?"

„Sie hätte ja was sagen können!", mault Jana.

„Sie wollte uns überraschen!", sagt Frau Bode.

„Ihr habt gedacht, Duschka ist total blöd, stimmt's?“, sagt Michi. „Nur weil sie ein bisschen anders ist als ihr.“
„Nein, Michi“, sagt Frau Bode. „In unserer Klasse denken wir so was nicht. Außerdem wird Duschka noch vierzehn Tage bei uns sein. Da können wir uns gegenseitig gut kennenlernen. Und jetzt Applaus!“

Leserätsel

Was stimmt?
Kreuze an.

Duschka läuft

- M über den Schulhof.
- N über das Wasser.
- W über das Seil.

Duschka trägt

- EH ein buntes Trikot.
- AH ein buntes T-Shirt.
- OH ein buntes Top.

Michi und Boris

T	foppen Duschka.
R	folgen Duschka.
N	fragen Duschka.

Die Buchstaben neben den richtigen Antworten ergeben ein Lösungswort:

__ __ __ __

Entdeckst du fünf Zirkuswörter? Kreise sie ein.

E	R	T	R	I	K	O	T	Ü	Ü
W	A	Q	T	N	Ö	I	U	G	T
X	W	O	H	N	W	A	G	E	N
D	L	Ö	I	B	T	F	U	T	B
O	H	F	T	B	K	W	Z	F	T
S	E	I	L	T	Ä	N	Z	E	R
A	R	A	P	P	L	A	U	S	G
Ä	T	V	N	M	U	F	R	C	H
K	U	N	S	T	S	T	Ü	C	K
I	R	V	N	M	T	S	E	M	B

Infoseite

Vorurteile – richtig oder falsch?

Was ist ein Vorurteil?

Oft denken wir, dass wir einen fremden Menschen schon auf den ersten Blick genau einschätzen können. Wir bewerten und beurteilen ihn, bevor wir ihn wirklich kennen. Wir fällen also ein Vorurteil.

Ist ein Vorurteil immer etwas Schlechtes?

Früher waren Vorurteile sehr wichtig. Sie halfen dem Urzeitmenschen, in einer gefährlichen Situation schnell zu handeln. Wenn er ein gefährliches Tier sah, wusste er sofort, dass er wegrennen musste. Auch heute können uns Vorurteile schützen. Sie bewahren uns davor, Fremden allzu schnell zu vertrauen.

Wann sind Vorurteile falsch?

Schnell zu urteilen, ist aber nicht immer richtig. Meistens fällen wir Vorurteile über fremde Menschen, zum Beispiel über ein neues Kind in der Klasse. Fremde Kinder sind jedoch keine gefährlichen Tiere, vor denen wir uns schützen müssen. Wir sollten jedem erst mal eine Chance geben, ihn richtig kennenzulernen.

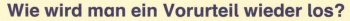

Wie wird man ein Vorurteil wieder los?

Fast jeder hat Vorurteile. Oft ist es gar nicht so leicht, sie wieder loszuwerden. Deine Vorurteile kannst du bekämpfen, indem du vor allem deinen Kopf benutzt. Mach dir ein eigenes Bild, bevor du urteilst!

S. 70/71:

Das fremde Mädchen heißt Duschka.
Am Ende der Sackgasse ist ein Kanal.
Jana, Mia und Chrissi spielen Detektiv.
Zu neuen Kindern in der Klasse
sollte man NETT sein.
Lösungswort: EICHHÖRNCHEN

S. 80/81:

Duschka läuft über das Seil.
Duschka trägt ein buntes Trikot.
Michi und Boris folgen Duschka.
Lösungswort: WEHR

E	R	T	R	I	K	O	T	Ü	Ü
W	A	Q	T	N	Ö	I	U	G	T
X	W	O	H	N	W	A	G	E	N
D	L	Ö	I	B	T	F	U	T	B
O	H	F	T	B	K	W	Z	F	T
S	E	I	L	T	Ä	N	Z	E	R
A	R	A	P	P	L	A	U	S	G
Ä	T	V	N	M	U	F	R	C	H
K	U	N	S	T	S	T	Ü	C	K
I	R	V	N	M	T	S	E	M	B

Lesen lernen mit der Lesemaus

Liebe Eltern,

alle Kinder wollen Lesen lernen. Sie sind von Natur aus wissbegierig. Diese Neugierde Ihres Kindes können Sie nutzen und das Lesenlernen frühzeitig fördern. Denn Lesen ist die Basiskompetenz für alles weitere Lernen. Aber Lesenlernen ist nicht immer einfach. Es ist wie mit dem Fahrradfahren: Man lernt es nur durch Üben – also durch Lesen.

Lesespaß mit Lesepass

Je regelmäßiger Ihr Kind übt, desto schneller und besser wird es das Lesen beherrschen. Eine schöne Motivation kann unser 10-Minuten-Lesepass sein. Das Trainingsprogramm mit Sammelpunkten erfordert nur kurze Leseeinheiten von 10 Minuten. Das Sammeln macht Kindern Spaß und motiviert sie von Anfang an. Den Lesepass finden Sie kostenlos zum Download unter carlsen.de/lesepass.

Wie können Sie Ihr Kind beim Lesenlernen unterstützen?

Je positiver Kinder das Lesen erleben, desto motivierter sind sie, es selbst zu lernen. Versuchen Sie, Ihrem Kind

ein Vorbild zu sein. Zeigen Sie Ihrem Kind, dass Lesen und Schreiben zum Alltag gehören.
Etablieren Sie gemeinsame Leserituale. So erfährt Ihr Kind: Lesen macht Spaß! Lesen Sie Ihrem Kind mindestens bis zum Ende der Grundschulzeit vor. Auch wenn Ihr Kind zunehmend eigenständig liest, bleibt das Vorlesen ein schönes und sinnvolles Ritual.

Lesen lernen mit der Lesemaus

Jedes Kind lernt unterschiedlich schnell lesen. Orientieren Sie sich bei der Auswahl von Erstlesebüchern daher an den Interessen und Lesefähigkeiten Ihres Kindes. Die Geschichten sollen Ihr Kind fordern, aber nicht überfordern. Die Lesemaus zum Lesenlernen bietet spannende und leicht verständliche Geschichten für Leseanfänger. Altersgerechte Illustrationen helfen, das Gelesene zu verstehen.
Mit lustigen Leserätseln können die Kinder ihre Lernerfolge spielerisch selbst überprüfen. Außerdem gibt es in jedem Band interessante Sachinfos für Jungen und Mädchen.

Ihnen und Ihrem Kind viel Spaß beim Lesen!

Lesen lernen in kleinen Schritten

Der Leselern-Prozess vollzieht sich über längere Zeit und in mehreren Schritten. Genauso differenziert wie dieser Prozess sind die Erstlesebücher mit der Lesemaus. Umfang, Wortschatz, Schriftgröße, Text-Bild-Verhältnis der Geschichten und das Niveau der Leserätsel sind optimal auf die verschiedenen Phasen des Lesenlernens abgestimmt:

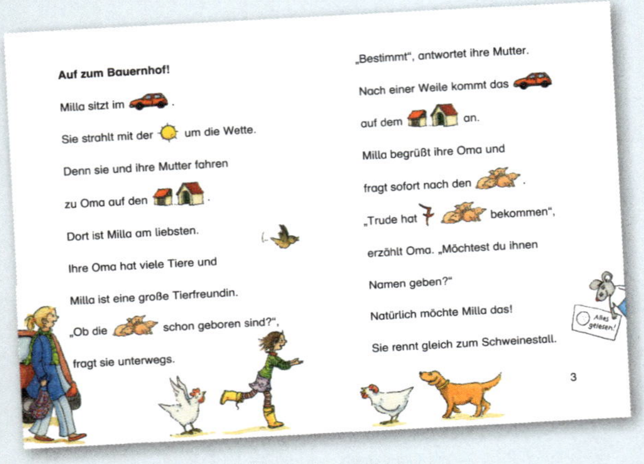

Auf zum Bauernhof!

Milla sitzt im .
Sie strahlt mit der um die Wette.
Denn sie und ihre Mutter fahren
zu Oma auf den .
Dort ist Milla am liebsten.
Ihre Oma hat viele Tiere und
Milla ist eine große Tierfreundin.
„Ob die schon geboren sind?",
fragt sie unterwegs.

„Bestimmt", antwortet ihre Mutter.
Nach einer Weile kommt das
auf dem an.
Milla begrüßt ihre Oma und
fragt sofort nach den .
„Trude hat bekommen",
erzählt Oma. „Möchtest du ihnen
Namen geben?"
Natürlich möchte Milla das!
Sie rennt gleich zum Schweinestall.

Alles gelesen!

3

Bild-Wörter-Geschichten – mit Bildern lesen lernen

- Erste Geschichten mit Bildern statt Wörtern für Leseanfänger
- Große Fibelschrift
- Wenig Text, viele farbige Bilder
- Auch ideal zum gemeinsamen Lesen: Das Kind ergänzt das Wort, wenn ein Bild kommt.

Geschichten im Dialog – zu zweit lesen lernen

- Kleine Geschichten zum Vor- und Selberlesen
- Lesen im Dialog – das Erfolgskonzept zum Lesenlernen
- Eltern lesen die linke, Kinder die rechte Seite
- Große Fibelschrift, hoher Bildanteil

Nichtschwimmer

„Bleib sitzen! Nicht spritzen!"
Dafür, dass die drei sich Piraten nannten, waren sie ganz schön wasserscheu. Robert hockte in der Badewanne. Er hatte eine Menge Schaum gemacht. Sina und der Koch schwammen im Wasser herum und rochen schon bald wie wahre Frühlingswiesen. Aber ausgerechnet der Käpten war Nichtschwimmer! Robert hatte ihn in eine leere Seifenschale gesetzt und schnippte mit dem Zeigefinger immer wieder ein bisschen Wasser auf den kleinen Piraten, der nun keine sehr große Klappe mehr hatte.
„Ich bin eben ein Salzwasser-Pirat und nicht so ein Süßwasser-Hering wie du", maulte er.
„Heringe leben auch im Salzwasser", entgegnete Robert.
„Sag ich doch", murmelte der Käpten und wischte sich die Wassertropfen aus dem Gesicht.

48

Zum Glück war Roberts Mutter
oben in seinem Zimmer
ganz und gar mit Staubsaugen
und Mäusejagen beschäftigt.
Sonst hätte sie das Geschrei gehört,
das der Käpten hier machte.

Geschichten zum Selberlesen – Lesekompetenz üben und festigen

- Einfache Geschichten für Erstleser, die schon längere Texte lesen können
- Klare Textgliederung in Sinnabschnitte
- Viele farbige Bilder zur Veranschaulichung
- Leserätsel zum Textverständnis

So ein Angeber!
Es ist ein warmer Frühlingstag.
Die Freunde aus der 2a verabreden sich
für den Nachmittag zum Schwimmen.
„Kann ich mitkommen?", fragt Mike.
„Wenn du mit Karla um die Wette
schwimmst?", sagt Anna spöttisch.
„Null Problemo", antwortet Mike.
„Ich wette um eine Tafel Schokolade,
dass Karla gewinnt", sagt Mia.
Karla ist die beste Schwimmerin
der Klasse.
Im Herbst wird sie neun Jahre alt.
Dann will sie das goldene Jugend-
Schwimmabzeichen machen.
10

Extra Lesetraining – vertiefende Methoden zum Lesenlernen

- Spannende Geschichten für Leseanfänger
- Bewährte didaktische Konzepte
- Einfache Sätze, klare Gliederung
- Leserätsel zur Erfolgskontrolle

Silbenmethode

Marie liest mit der Nase!
Maries Klasse plant eine Lesenacht.
Die Schüler wollen Geschichten hören
und im Klassenzimmer übernachten.
„Aber ich kann nicht die ganze Nacht
vorlesen. Ihr seid auch mal dran",
sagt Herr Baum, der Lehrer.
„Und damit das Vorlesen gut klappt,
üben wir jetzt noch mal!"
Maries Freund Leon ist als Erster dran.
36
Leon liest wunderbar vor.
Dann kommt Finn an die Reihe.
Schließlich landet das Buch bei Marie.
Da lacht Jaro: „Marie liest ja
mit der Nase!"
„Die Schrift ist eben zu undeutlich!",
sagt Marie wütend.
37

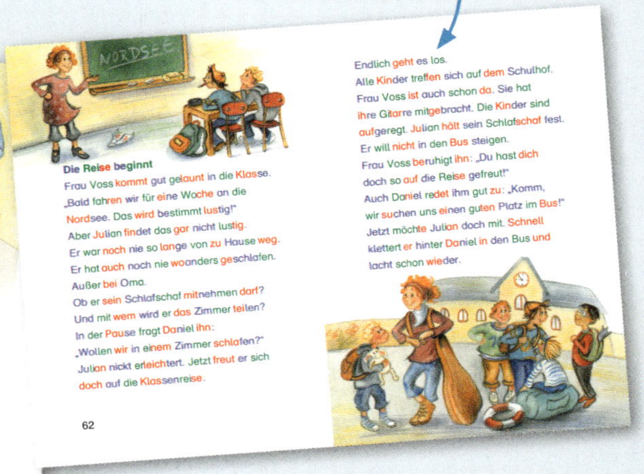

Die Reise beginnt
Frau Voss kommt gut gelaunt in die Klasse.
„Bald fahren wir für eine Woche an die
Nordsee. Das wird bestimmt lustig!"
Aber Julian findet das gar nicht lustig.
Er war noch nie so lange von zu Hause weg.
Er hat auch noch nie woanders geschlafen.
Außer bei Oma.
Ob er sein Schlafschaf mitnehmen darf?
Und mit wem wird er das Zimmer teilen?
In der Pause fragt Daniel ihn:
„Wollen wir in einem Zimmer schlafen?"
Julian nickt erleichtert. Jetzt freut er sich
doch auf die Klassenreise.
62
Endlich geht es los.
Alle Kinder treffen sich auf dem Schulhof.
Frau Voss ist auch schon da. Sie hat
ihre Gitarre mitgebracht. Die Kinder sind
aufgeregt. Julian hält sein Schlafschaf fest.
Er will nicht in den Bus steigen.
Frau Voss beruhigt ihn: „Du hast dich
doch so auf die Reise gefreut!"
Auch Daniel redet ihm gut zu: „Komm,
wir suchen uns einen guten Platz im Bus!"
Jetzt möchte Julian doch mit. Schnell
klettert er hinter Daniel in den Bus und
lacht schon wieder.

Vereinfachte Ausgangsschrift

Erstlesespaß,

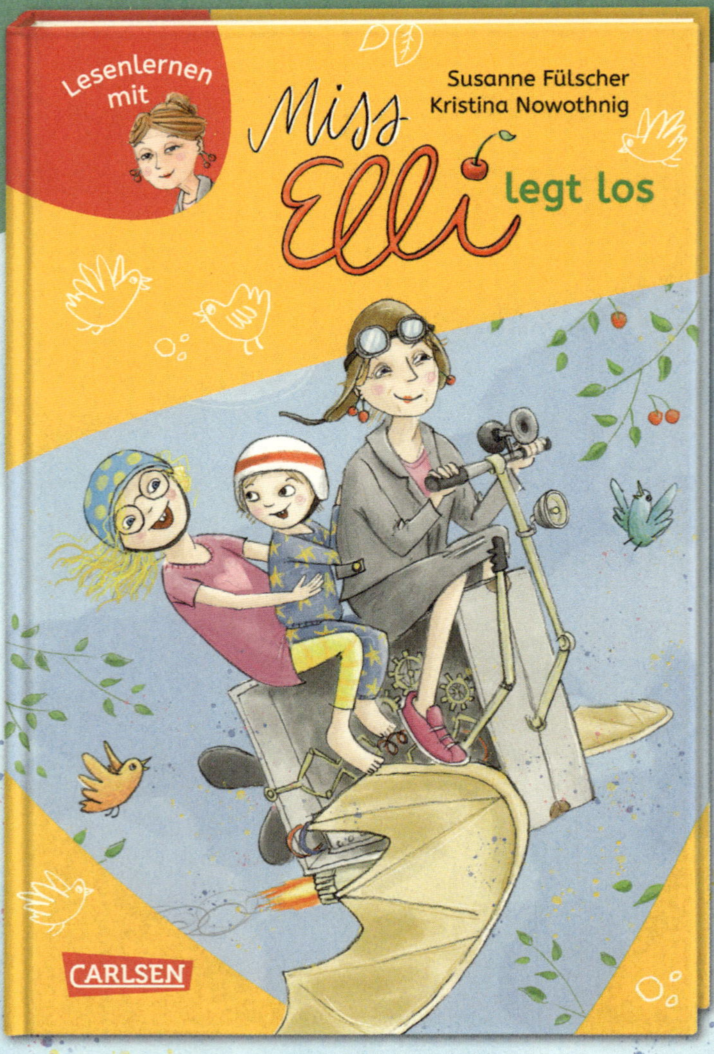

Ben und Mieke finden Babysitter ziemlich blöd – bis eines Tages Miss Elli auftaucht. Sie ist keine Spur langweilig und hat richtig gute Ideen! Ganz besonders toll finden die beiden natürlich Miss Ellis fliegendes Fliemo – aber natürlich bleibt das ihr Geheimnis …

Jeweils nur
€ (D) 7,99
€ (A) 8,30

der verzaubert!

Spannende und lustige Geschichten mit der coolsten Babysitterin.

Lesenlernen mit Spaß

- für Leseanfänger ab 6 Jahren
- kurze, einfache Sätze
- hoher Bildanteil
- große Fibelschrift

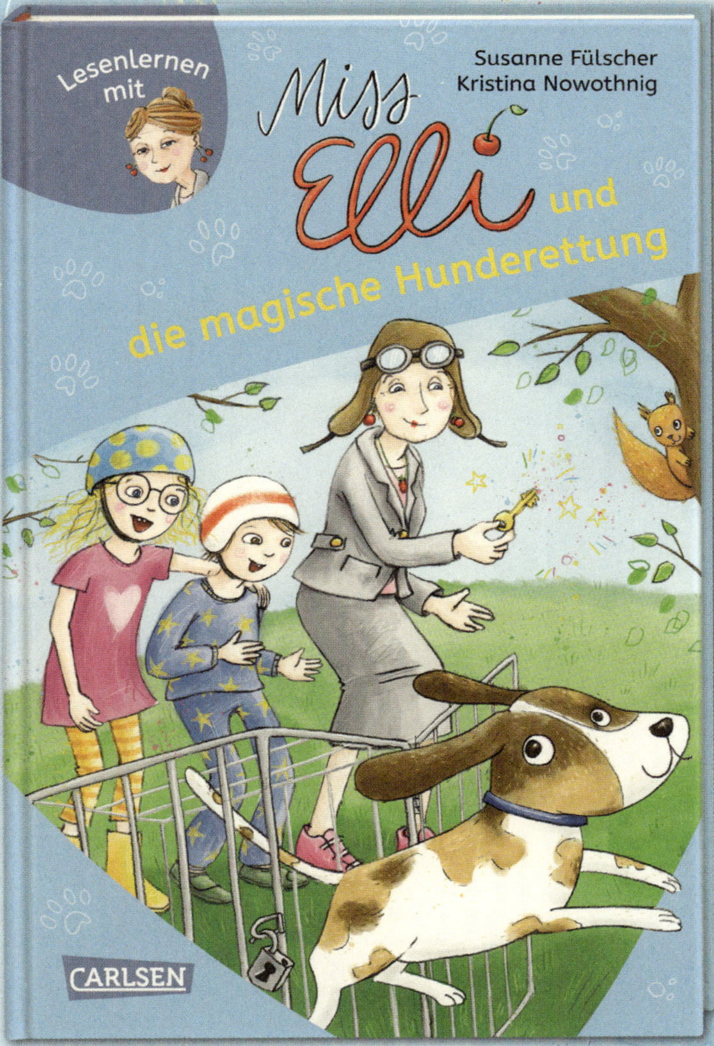

Ben und Mieke freuen sich immer, wenn Miss Elli auf sie aufpasst – denn mit ihrem fliegenden Fliemo ist es nie langweilig. Doch diesmal werden sie Zeugen einer Tierquälerei ...

CARLSEN
www.carlsen.de

FSC
www.fsc.org
MIX
Papier aus verantwortungsvollen Quellen
FSC® C002795

Die **LESEMAUS** ist eine eingetragene Marke des Carlsen Verlags.

Sonderausgabe im Sammelband

ISBN: 978-3-551-06643-5
Umschlagillustration: Dorothea Tust
Vorsatz: Heike Wiechmann
Illustration der Lesemaus: Hildegard Müller
Umschlagkonzeption: Gunta Lauck
Lesemaus-Redaktion: Anja Kunle, Constanze Steindamm
Lektorat: Steffi Korda, Büro für Kinder- & Erwachsenenliteratur
Lithografie: ReproTechnik Fromme, Hamburg
Printed in Latvia

Paula und Nele halten zusammen

Zwei Freundinnen auf dem Ponyhof

Viel Zirkus um die Neue!